Originalausgabe
© 2016 Dressler Verlag GmbH, Poppenbütteler Chaussee 53, 22397 Hamburg
ellermann im Dressler Verlag GmbH · Hamburg
Alle Rechte vorbehalten
Einband von Susanne Schulte
Druck und Bindung: SIA Livonia Print, Ventspils iela 50, LV-1002 Riga, Latvia
Printed 2018
ISBN 978-3-7707-2928-9

www.ellermann.de

Erzähl mir vom Osterhasen!

Bunter Vorlesespaß für die Kleinsten

Herausgegeben von Svenja Stein

ellermann im Dressler Verlag GmbH · Hamburg

Inhaltsverzeichnis

Auf Osterhasenlauer – Geschichten rund ums Osterfest

Susan Niessen: Der Osterhasenstiefel 10

Claudia Ondracek: Ein Brief an den Osterhasen 12

Claudia Ondracek: Ein Osterei für Mama und Papa 14

Claudia Ondracek: Ein besonders netter Osterhase 16

Claudia Ondracek: Ein Kranz fürs Osterfrühstück 18

Claudia Ondracek: Ein Papphaus für den Osterhasen 20

Claudia Ondracek: Auf Osterhasenlauer 22

Claudia Ondracek: Das Eier-Osterfrühstück 24

Susan Niessen: Wer findet das Ei? 26

Susan Niessen: Das Hasengeheimnis 28

Das verflixte Osterei – Geschichten von Osterhasen und Helfern

Susan Niessen: Ein himmlisches Osterei 32

Claudia Ondracek: Elfriede Huhn legt los! 34

Susan Niessen: Der Osterhase ist krank 36

Susan Niessen: Besuch für den Fisch 38

Claudia Ondracek: Ferien für den Osterhasen 40

Susan Niessen: Der Fuchs als Osterhase 42
Claudia Ondracek: Ein Anzug für den Osterhasen 44
Erhard Dietl: Wenn Herr Hase Hilfe braucht 46

Kleine Hasen ganz groß – Geschichten aus der Osterhasenschule

Susan Niessen: In der Osterhasenschule 52
Susan Niessen: Der kleine Hase ist schon groß 54
Claudia Ondracek: Die Osterhasenkonferenz 56
Claudia Ondracek: Die Osterhasenprüfung 58
Susan Niessen: Überraschungsei für Häschen 60
Claudia Ondracek: Lili Naschhase 62
Henriette Wich: Kaninchen Cora und die Karotte 64
Susan Niessen: Die Osterhasenmalerei 66
Claudia Ondracek: Der Ostereier-Wettbewerb 68
Claudia Ondracek: Eierzielschießen 70

Auf Osterhasenlauer – Geschichten rund ums Osterfest

Der Osterhasenstiefel   10
Ein Brief an den Osterhasen   12
Ein Osterei für Mama und Papa   14
Ein besonders netter Osterhase   16
Ein Kranz fürs Osterfrühstück   18
Ein Papphaus für den Osterhasen   20
Auf Osterhasenlauer   22
Das Eier-Osterfrühstück   24
Wer findet das Ei?   26
Das Hasengeheimnis   28

Der Osterhasenstiefel

»Wann kommt denn endlich der Osterhase?«, fragt Pia.
»Noch ein Mal schlafen«, antwortet ihr Bruder Hanno. »Morgen ist Ostern.«

»Dann muss ich jetzt meinen Stiefel rausstellen!«, ruft Pia. Sie schnappt sich einen Gummistiefel und stellt ihn vor die Haustür.

»Den Stiefel stellt man nur für den Nikolaus auf«, sagt Hanno und lacht. »Der Osterhase versteckt doch die Eier.«

»Das werden wir ja sehen!«, sagt Pia. Hanno tippt sich an die Stirn. Pia ist einfach noch zu klein, um die Sache mit dem Osterhasen zu verstehen.

Aber am nächsten Morgen liegen tatsächlich drei bunte Eier in Pias Stiefel. »Und für dich hat der Osterhase auch noch einen Stiefel hingestellt, Hanno«, ruft Pia. »Nett von ihm, was?«

»Hm«, sagt Hanno und wird rot. Vorsichtshalber hat er seinen Stiefel gestern Abend selber noch schnell vor die Haustür gestellt. Aber das muss Pia ja nicht unbedingt wissen. Dafür ist sie wirklich noch zu klein!

Ein Brief an den Osterhasen

Am Wochenende vor Ostern sind Paul und Marie mit ihren Eltern umgezogen. Sie wohnen jetzt in einem schönen Haus mit Garten und vielen Bäumen. Ihre alte Wohnung ist weit weg. Sie haben sich von ihren Freunden verabschiedet und sind mit dem Umzugswagen und all ihren Sachen quer durch die Stadt gefahren. Paul und Marie packen die Umzugskartons aus, die in ihrem Zimmer stehen. Marie findet ihr Krokodil Bella und Paul seinen Affen Kasimir. In einem Karton liegen ihre Malsachen: Buntstifte, Wachsstifte und Wasserfarben. Marie stellt die Wasserfarben in das neue Regal. Da fällt ihr etwas ein: »Bald ist Ostern. Wir müssen unbedingt Eier bemalen.«

Schnell laufen sie zu Papa, damit sie das Eiermalen auch bestimmt nicht vergessen. »Keine Sorge«, sagt Papa. »Aber ein bisschen müsst ihr noch warten. Hier stehen noch zu viele Kartons herum.« Paul und Marie wollen aber nicht warten. Da sagt Papa: »Dann überlegt doch schon mal, was wir sonst noch für Ostern vorbereiten müssen.«

»Wir müssen einen Osterstrauch schmücken«, sagt Paul.

»Und einen Osterkranz backen«, sagt Marie.

»Wir müssen Osternester basteln, damit der Osterhase die Eier hineinlegen kann«, sagt Paul.

»Ja, aber…«, fragt Marie da, »woher weiß der Osterhase denn, wo wir jetzt wohnen?«

Papa hat mit dem Auspacken aufgehört. »Tja«, sagt er, »er weiß das eben.«

»Und wenn nicht?«, fragt Marie. »Dann kriegen wir gar keine Ostereier!«

»Dann schickt dem Osterhasen doch einen Brief«, schlägt Papa vor. »Ihr malt ein Bild, und ich schreibe unsere neue Adresse darauf.« Und so machen sie es. Paul und Marie malen ein Bild, auf dem sie beide vor dem neuen Haus zu sehen sind. Vorsichtshalber malen sie noch viele bunte Ostereier ins Gras.

Als sie fertig sind, schreibt Papa in seiner besten Schrift:

Lieber Osterhase, wir wohnen jetzt in der Rosenstraße 5. Bitte bring uns die Ostereier dorthin. Danke, Paul und Marie.

Später werfen alle zusammen den Brief in den Briefkasten. Und am Ostersonntag finden Paul und Marie genauso viele Eier wie sonst. Vielleicht sogar noch ein paar mehr.

Ein Osterei für Mama und Papa

Ein paar Tage vor Ostern besucht Nick seine Oma. Es ist noch viel zu tun bis Ostersonntag. Vor allem müssen sie einkaufen. Vor dem Supermarkt steht ein großer Plastikhase. Er wippt mit den Ohren.

»Ist das der Osterhase?«, fragt Nick.

»Nein«, sagt Oma. »Das ist nur eine Plastikfigur. Sie soll die Leute daran erinnern, dass bald Ostern ist.«

Nick wundert sich. Er würde nie vergessen, dass bald Ostern ist. Schließlich kann man dann Ostereier suchen. Im Supermarkt stapeln sich die Süßigkeiten. Nick sieht große und kleine Ostereier. Manche sind in silbernes Papier eingewickelt, andere glänzen rot, grün oder blau. Auf einigen Tischen stehen Osterhasen aus Schokolade. Oma kauft keine Ostereier. Sie kauft braune Hühnereier zum Auspusten und Bemalen und einen Lammbraten für den Ostersonntag.

»Warum kaufst du keine Ostereier?«, fragt Nick.

»Die bringt doch der Osterhase«, sagt Oma.

Nick denkt nach. Das mit dem Osterhasen stimmt. Jedes Jahr muss Nick lange suchen, um all die bunt gefärbten Ostereier und die leckeren Schokoladeneier zu finden. Einmal hat Mama den Osterhasen sogar im Garten weghoppeln sehen. Sie hat erzählt, dass er bunte Hosen anhatte.

»Kauft der Osterhase die Eier hier im Supermarkt?«, fragt Nick.

»Nein.« Oma lacht. »Es ist ein Geheimnis, woher der Osterhase die Eier hat.«

»Und für wen sind dann die vielen Eier hier?«, fragt Nick.

»Schau mal«, sagt Oma, »die großen Leute waren ja auch mal Kinder – so wie du. Und sie haben auch gerne Ostereier gegessen. Weil der Osterhase ihnen aber jetzt keine mehr bringt, müssen sie selbst welche kaufen.«

»Die armen großen Leute«, sagt Nick. Aber dann hat er eine Idee. »Weißt du was, Oma«, sagt er, »wir können doch Mama und Papa ein Osterei mitbringen, damit sie sich keines selbst kaufen müssen.«

Das findet Oma eine prima Idee. Zusammen suchen sie das schönste Ei von allen aus. Und am Ostersonntag verstecken sie es so gut, dass Mama und Papa ganz schön lange suchen müssen.

Ein besonders netter Osterhase

Heute freut sich Laura besonders auf den Kindergarten. Sie wollen Osterkörbchen basteln. Die dürfen die Kinder mit nach Hause nehmen, und der Osterhase legt dann Schokoladeneier hinein.
Im Kindergarten sucht Laura nach ihrer besten Freundin. Melis sitzt in einer Ecke und blättert in einem Buch. »Komm, Melis«, sagt Laura. »Wir wollen Osterkörbchen basteln.«

Aber Melis antwortet nicht. »Was ist denn?«, fragt Laura. Da sieht sie, dass Melis ganz traurig ist. »Wir feiern Ostern doch nicht«, sagt Melis. »Da brauche ich auch nichts dafür zu basteln.«

»Und du kriegst auch keine Ostereier?«, fragt Laura. Melis schüttelt den Kopf. Laura geht zu Sabine, der Erzieherin. »Melis' Eltern feiern nicht Ostern mit ihr«, sagt sie empört. »Und sie kriegt auch keine Ostereier.«

Sabine hockt sich neben sie. »Weißt du, Melis' Eltern kommen aus der Türkei und sind Muslime. Da gibt es kein Osterfest.«

»Das ist gemein«, sagt Laura.

»Nein«, erklärt ihr Sabine, »das ist einfach ihre Religion. Bei den Muslimen gibt es andere Feiertage als bei uns Christen. Sie feiern Feste, die wir nicht feiern.«

Laura überlegt, wie sie ihre Freundin trösten kann. Melis hat sich mit an den Tisch gesetzt und malt ein Bild mit einer bunten Frühlingswiese. Da hat Laura plötzlich eine Idee. »Weißt du was«, sagt sie, »du bastelst einfach auch ein Körbchen. Und das stellen wir mit bei uns auf. Ich wette, der Osterhase legt ein paar Schokoladeneier hinein. Und die bringe ich dir dann mit.«

Da sieht Melis gar nicht mehr traurig aus. »Und du meinst, der Osterhase macht das?«, fragt sie.

»Bestimmt«, antwortet Laura. Da fängt Melis sofort an, ein Osterkörbchen zu basteln. Es wird wunderschön.

Am Nachmittag bringt Laura zwei Osterkörbchen mit nach Hause. Sie erzählt Mama die ganze Geschichte. »Ja, wir stellen einfach beide Körbchen auf«, sagt Mama. »Vielleicht macht der Osterhase ja mit!«

Am Ostermorgen läuft Laura gleich nach dem Aufstehen zu ihren Osterkörbchen. Und wirklich: In beiden glitzern bunte Schokoladeneier. »Mama, es hat geklappt!«, ruft Laura.

»Das ist schön«, sagt Mama, »da freut sich Melis bestimmt.«

Ein Kranz fürs Osterfrühstück

Es ist der Tag vor Ostern. Draußen regnet es fürchterlich. Florian und Ella langweilen sich. »Mama, können wir nicht schwimmen gehen?«, fragt Florian.

»Nein«, sagt Mama, »ich geh doch heute zur Uroma ins Krankenhaus. Fragt doch mal Papa.« Die beiden gehen zu Papa.

»Papa, gehst du mit uns schwimmen?«, fragt Ella.

Papa sagt: »Ich glaube, das Schwimmbad ist heute zu voll. Aber ihr könnt mir helfen, einen Osterkranz zu backen.«

Die beiden sind begeistert. Süßen Osterkranz essen sie nämlich für ihr Leben gern.

Erst macht Papa Milch warm. Dann holt er Hefe aus dem Kühlschrank.

»Hier, Florian«, sagt er. »Du darfst sie in die warme Milch bröseln. Und dann guckt mal, was passiert.« Ella und Florian staunen. Die Hefe wirft Blasen auf der Milch.

Ella schüttet Eier, Butter, Zucker und Mehl in eine Schüssel. Als Letztes gibt Florian die Hefe dazu. Mit den Knethaken rührt Papa einen festen Teig. »Es fehlt aber noch etwas«, sagt Ella.

»Was denn?«, fragt Papa.

»Die Rosinen natürlich!«, sagt Ella. Papa holt eine Tüte Rosinen aus dem Schrank.

»Bitte gaaanz viele Rosinen!«, sagt Florian. Zum Schluss kneten alle drei den Teig noch einmal mit den Händen. Papa schüttet so lange Mehl dazu, bis er nicht mehr klebt.

»Und jetzt muss der Teig gehen«, sagt Papa.

»Geht der weg?«, fragt Ella.

»Nein«, sagt Papa, »wartet mal ab.« Er stellt die Schüssel auf die Heizung und legt ein Tuch darüber. Nach einer Weile gucken Ella und Florian unter das Tuch.

»Das ist ja ein Riesenklops geworden«, sagt Florian.

Jetzt nehmen sie den Teig und rollen auf dem großen Tisch eine Wurst daraus. Die legen sie auf dem Backblech vorsichtig zu einem Kranz. Papa hat den Backofen schon angestellt. Nach einer Stunde ist der Kranz goldbraun, und die ganze Wohnung duftet.

»Hm, ich freu mich ja schon so auf morgen früh«, sagt Ella.

»Unser selbst gebackener Osterkranz schmeckt bestimmt richtig lecker!«, sagt Florian, und dann spielen sie draußen noch ganz lange. Denn der Regen hat inzwischen aufgehört.

Ein Papphaus für den Osterhasen

Max steht am Fenster und schaut hinaus in den Regen. Es regnet schon drei Tage, von morgens bis abends. Der Rasen steht unter Wasser. Die Tulpen und Narzissen lassen ihre Köpfe hängen. »Na«, sagt Mama und streicht Max über den Kopf. »Langweilst du dich?«

»Nein«, antwortet Max. »Ich denke nach.«

»Und worüber?«, fragt Mama.

»Über den Osterhasen«, sagt Max. »Wie soll der denn die Ostereier färben? Draußen ist es doch viel zu nass!« Mama schaut Max an. Und Max schaut Mama an.

»Du hast recht«, sagt Mama, »aber wie können wir dem Osterhasen helfen?«

»Ich baue dem Osterhasen ein Papphaus«, erklärt Max. »Das stelle ich auf unsere überdachte Terrasse. Da ist es trocken, und da kann er die Eier färben.«

»Gute Idee«, meint Mama. Zusammen besorgen sie einen großen Karton im Supermarkt. Mit einem Messer schneiden sie eine Tür hinein.

»Fenster braucht der Osterhase auch noch«, sagt Max. »Sonst sieht er ja gar nichts!« Von innen klebt Max Transparentpapier an die Fenster. So kann niemand einfach reingucken, wenn der Osterhase die Ostereier färbt. Dann malt er das Papphaus mit Wachsmalstiften bunt an:

Überall sind Blumen und Blätter und Gras zu sehen. Auch ein großer Baum steht neben der Tür. Und die Sonne lacht vom Dach herunter. An der Tür hängt ein Schild. Darauf hat Max einen Osterhasen gemalt. »Jetzt weiß jeder, wer da wohnt«, erklärt er Mama. Zusammen tragen sie das Osterhasen-Papphaus auf die Terrasse. Es kommt ganz in die Ecke, da, wo es nicht hinregnet und kein Wind weht. Max legt noch ein bisschen Löwenzahn hinein. »Falls der Osterhase Hunger bekommt«, sagt er.

Dann geht er mit Mama zusammen wieder in die Küche. Der Osterhase kommt nur, wenn es ganz ruhig ist und niemand guckt. Das weiß doch jedes Kind. Am nächsten Tag liegt vor der Terrassentür ein Zettel. Darauf steht:

Vielen Dank für das schöne Haus. Jetzt kann ich fleißig Ostereier bemalen. Mal sehen, ob du sie morgen alle findest. Der Osterhase.

Auf Osterhasenlauer

»Ich will den Osterhasen sehen«, sagt Jan.

»Ich auch«, sagt Jans kleine Schwester Jola. »Ich will auch den Osterhasen sehen!«

»Das geht nicht«, erklärt ihr Jan. »Da muss man die ganze Nacht aufbleiben und lauern. Dazu bist du zu klein.«

Mama lacht. »Und wo willst du lauern?«, fragt sie. »Nachts ist es draußen noch ganz schön kalt.«

Das hat sich Jan schon überlegt. »Im Zelt«, sagt er. »Im Schlafsack ist mir nicht kalt.«

»Ich will auch im Zelt schlafen«, ruft Jola. »Wenn Jan dabei ist, habe ich keine Angst.«

»Ich auch nicht«, sagt Jan da und guckt Jola an. »Wenn Jola bei mir ist, habe ich auch keine Angst.« Mama ist einverstanden.

Sie bauen das Zelt im Garten auf. Sie legen die Schlafsäcke und Plüschtiere hinein. Mama stellt noch Tee und etwas zum Knabbern vors Zelt.

»Wer nachts lauert, braucht eine Stärkung«, sagt sie.

Als es dunkel wird, bringt Mama die beiden ins Zelt. Mit der Taschenlampe leuchten sie noch einmal den ganzen Garten ab.

»Alles normal«, sagt Jan. »Jetzt müssen wir ganz leise sein. Dann kommt der Osterhase bestimmt.«

»Bestimmt«, sagt Mama und gibt Jan und Jola einen dicken Gutenachtkuss. »Die Terrassentür ist offen. Ihr könnt jederzeit ins Haus kommen.«

Jan und Jola starren gespannt ins Dunkel. Überall bewegen sich Schatten. Plötzlich ruft ein Uhu. Und im Gemüsebeet raschelt es. Jan knipst die Taschenlampe an.

»Das ist nur ein Igel«, flüstert er.

Im Haus geht das Licht aus. Jetzt ist es stockfinster. Sogar der Mond versteckt sich hinter den Wolken. Jola rückt näher an Jan heran. Der gähnt laut. Da klappert das Gartentor. Ist das etwa der Osterhase? Aber niemand hoppelt über den Rasen. Es war nur der Wind. Jan gähnt schon wieder. Und Jolas Kopf liegt plötzlich auf seinem Schoß.

»Schläfst du schon?«, fragt Jan leise.

Aber Jola antwortet nicht. Vorsichtig legt Jan Jola in den Schlafsack. Ob er sich vielleicht auch kurz ausruhen soll?

»Guten Morgen«, hören sie plötzlich Mamas Stimme. »Ihr habt den Osterhasen ja wirklich getroffen!«

Und tatsächlich: Vor dem Zelt stehen zwei Osternester. Wann der Osterhase die wohl gebracht hat?

Das Eier-Osterfrühstück

»Wollt ihr mit mir Eier auspusten und bemalen?«, fragt Oma und stellt zwei Kartons mit Eiern auf den Tisch.

»Au ja!«, rufen Ulla und Dirk. »Für den Osterstrauß. Das wird eine schöne Überraschung für Mama und Papa!« Sie holen Schüsseln und Nadeln, die Wasserfarben und zwei Pinsel. Zuerst piksen sie vorsichtig mit den Nadeln zwei Löcher in die Eierschale: eins am stumpfen und eins am spitzen Ende vom Ei. Krch! Die Eierschale von Dirks Ei kracht entzwei – und das rohe Ei platscht in die Schüssel. »Ich kann das einfach nicht!«, sagt Dirk.

Oma lacht. »Das kann passieren«, sagt sie. »Versuch's doch noch mal!« Beim zweiten Mal klappt es! Dann pusten sie das Eiweiß und Eigelb aus dem Ei. Ulla holt tief Luft und bläst in ein Loch im Ei.

»Nicht schon wieder«, stöhnt sie. Zwischen ihren Fingern tropft das rohe Ei in die Schüssel. »Dabei war ich ganz vorsichtig.«

»Mach dir nichts daraus«, sagt Oma. »Von den zwanzig Eiern bleiben bestimmt ein paar heil.«

Ulla und Dirk piksen und pusten tapfer weiter. Noch so manches Ei geht dabei kaputt. Aber dann liegen acht ausgepustete Eier auf dem Tisch. Die bemalen die Kinder mit Wasserfarben: Auf einem Ei ist ein See mit Enten zu sehen. Auf einem anderen eine bunte Blumenwiese. Und auf einem dritten hoppelt ein Osterhase durchs Gras. »Das habt ihr ganz toll gemacht«, sagt Oma. Sie staunt. Die bemalten Eier hängen sie an den Osterstrauß. Der sieht wunderschön aus.

»Und was machen wir mit dem ganzen Eiweiß und Eigelb?«, fragt Dirk und zeigt auf die Schüsseln. »Schmeißen wir das weg?«

»Nein«, sagt Oma. »Daraus machen wir morgen früh ein richtig schönes Eier-Osterfrühstück!« Die Idee gefällt Ulla und Dirk.

Sie malen ein großes Bild mit vielen Osterhasen und Ostereiern. Darauf schreibt Oma: »Frohe Ostern – und guten Appetit beim Eier-Frühstück!« Am nächsten Morgen sind Oma, Ulla und Dirk schon ganz früh in der Küche. Als Mama und Papa aufstehen, staunen sie über all die Eier-Leckereien: Es gibt Rührei mit Schnittlauch und Spiegelei mit Speck, einen leckeren Schokoladeneierkuchen und ein riesiges Omelett mit Apfelmus. Und mittendrin steht der Osterstrauß mit den bunt bemalten Eiern.

Wer findet das Ei?

Am Ostermorgen rennen Ben und Elisa noch vor dem Frühstück in den Garten. Aber sie sind trotzdem nicht die Ersten. Oma und Opa sitzen auf der Gartenbank und sehen sehr zufrieden aus.

»War der Osterhase schon da?«, fragt Elisa.

»Schaut doch mal nach!«, sagt Opa. Das lassen Ben und Elisa sich nicht zweimal sagen.

»Da!«, schreit Ben. »Ich sehe eins!« Zwischen den Stiefmütterchen liegt ein dickes rotes Ei.

»Ich auch!«, ruft Elisa. Sie hat zwei kleine blaue Eier unter einem Busch gefunden. Und dahinten – an der Schaukel liegt auch was. Ob vielleicht auch ein Ei im Sandkasten versteckt ist? Der Osterhase hat sich wirklich Mühe gegeben. Aber Ben und Elisa finden alle Eier und legen sie in einen großen Korb. Alle Eier? Nein! Ein einziges gelbes Ei mit blauen Punkten finden sie nicht. Es liegt immer noch gut versteckt unter… Nein, das wird nicht verraten! Vielleicht findest du es ja?

Das Hasengeheimnis

Gleich hinter dem Haus, in dem Jakob wohnt, liegt ein großes Maisfeld. Dort leben ganz viele Hasen. Sie haben braunes Fell und kleine Schnuppernasen. Jeden Tag geht Jakob mit Opa zu dem Maisfeld und sieht den Hasen zu, wie sie zwischen den dicken Maisstängeln herumhoppeln. Ein Hase sieht anders aus als die anderen. Sein Fell ist weiß, nur seine Ohren sind braun. Er läuft auch gar nicht weg wie die anderen Hasen. Einmal darf Jakob ihn sogar streicheln.

»Es ist ein besonderer Hase«, sagt Jakob.

Aber eines Tages ist das Maisfeld verschwunden. Der Bauer hat alles abgemäht. Und die Hasen sind auch weg. Jakob ist traurig. Opa tröstet ihn. »Soll ich dir ein Geheimnis verraten?« Jakob nickt. »Nächstes Jahr zu Ostern siehst du sie alle wieder.«

»Sind das etwa die Osterhasen?«, fragt Jakob.

»Psst!«, sagt Opa und legt den Finger an die Lippen. »Großes Hasengeheimnis.«

Das verflixte Osterei – Geschichten von Osterhasen und Helfern

Ein himmlisches Osterei 32
Elfriede Huhn legt los! 34
Der Osterhase ist krank 36
Besuch für den Fisch 38
Ferien für den Osterhasen 40
Der Fuchs als Osterhase 42
Ein Anzug für den Osterhasen 44
Wenn Herr Hase Hilfe braucht 46

Ein himmlisches Osterei

Einmal hatten die Osterhasen sich verzählt. Als sie für alle Kinder rundherum ihre Eier versteckt hatten, war noch genau ein Ei übrig.

»Was machen wir jetzt damit?«, fragte Paulchen Hase.

Da steckte der Maulwurf seinen Kopf aus dem Hügel und blinzelte in die Morgensonne.

»Möchtest du vielleicht ein Osterei?«, fragte Tina Hase.

»Ja, gerne!«, sagte der Maulwurf. »Wie sieht es denn aus?« Er konnte nämlich sehr schlecht sehen.

»Es ist blau mit weißen Wolken drauf«, sagte Tina Hase. »Wie der Himmel!«

Weil er so kurzsichtig war und der Himmel so weit oben, hatte der Maulwurf ihn noch nie gesehen.

Abends kocht und rührt sie im Hühnerstall, dass es nur so dampft. Aufgeregt legt sie in jeden Topf ein Ei. Nach zehn Minuten fischt Elfriede das Ei aus dem Grastopf: Es ist grasgrün! Dann holt sie das Ei aus dem Löwenzahntopf: Es ist löwenzahngelb!

»Das ist ja ganz einfach«, freut sich Elfriede und färbt weiter. »Zehn, elf, zwölf …«, murmelt sie.

»Übst du zählen, oder was machst du da?«, fragt plötzlich Anton hinter ihr.

»Wo hast du bloß gesteckt?«, ruft Elfriede. »Ich färbe Ostereier. Schließlich ist in zwei Tagen Ostern!«

»Wie kommst du denn darauf?«, fragt Anton erstaunt.

Elfriede zeigt auf ihren Kalender. »Na, guck doch selbst«, sagt sie.

Da muss Anton grinsen. »Du bist in der Zeile verrutscht«, sagt er. »Ostern ist erst nächste Woche.«

»Oh nein«, stöhnt Elfriede. »Dann war meine Nachtschicht ja völlig umsonst!«

»Wieso denn?«, fragt Anton und lacht. »Deine Eier sind doch toll geworden! Jetzt brauche ich sie Ostern nur noch zu verstecken. Bis dahin kann ich faulenzen. Und du auch!«

»Oh ja«, sagt Elfriede müde und schwankt zu ihrer Hühnerstange.

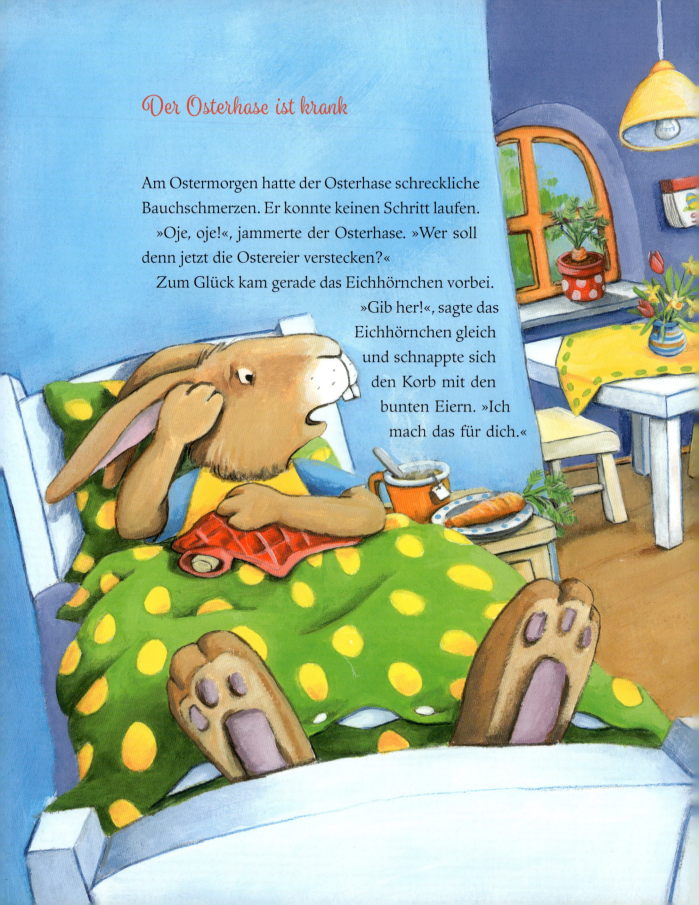

Der Osterhase ist krank

Am Ostermorgen hatte der Osterhase schreckliche Bauchschmerzen. Er konnte keinen Schritt laufen. »Oje, oje!«, jammerte der Osterhase. »Wer soll denn jetzt die Ostereier verstecken?«

Zum Glück kam gerade das Eichhörnchen vorbei. »Gib her!«, sagte das Eichhörnchen gleich und schnappte sich den Korb mit den bunten Eiern. »Ich mach das für dich.«

Weil es jedes Jahr seine Nüsse als Vorrat
für den Winter versteckte, kannte es sich mit dem Verstecken gut aus.

»Aber nicht vergraben!«, rief der Hase ihm besorgt nach. »Und nicht oben in die Bäume legen!« Doch da war das Eichhörnchen schon davongeflitzt.

Und weißt du was? Das Eichhörnchen hat die Eier so gut versteckt, dass die Kinder an diesem Tag doppelt so lange suchen mussten wie sonst. Aber sie haben sie fast alle gefunden. Nur das silberne Ei in der Dachrinne, das hat sich später ein Vogel geschnappt.

Besuch für den Fisch

Einmal plumpste dem Osterhasen ein Ei vom Tisch. Er hatte es gerade mit roten Punkten bemalt. Und weil der Osterhase oben auf einem Hügel saß – wegen der schönen Aussicht –, begann das Ei zu rollen.

»Halt! Hiergeblieben!«, rief der Osterhase. Aber das Ei ließ sich davon nicht aufhalten. Es rollte zwischen den Osterglocken hindurch und am Holunder vorbei, schneller und immer schneller, auf den Froschteich zu.

»Quak!«, machte der Frosch, als das Ei über ihn hinweghüpfte.

Dann machte es »platsch«, und das Ei fiel ins Wasser. Dort sank es langsam auf den Grund des Sees, genau vor die Nase eines großen Fisches. Na, so was!, dachte der Fisch. Besuch für mich.

Der Besuch sagte nicht viel, und schwimmen konnte er auch nicht, aber das störte den Fisch nicht. Er rollte das Ei vor seine Höhle und bewunderte jeden Tag seine schönen roten Punkte.

Ferien für den Osterhasen

Osterhase Oskar will Urlaub machen. Nicht im Sommer, da ist es ihm zu heiß. Nicht im Herbst, da regnet es zu viel. Und auch nicht im Winter, da friert er so leicht. Oskar will Urlaub im Frühling machen. Doch im Frühling ist Ostern. Und wer versteckt dann die Ostereier? »Ich brauche eine Vertretung«, überlegt Oskar. »Vielleicht kann mir ja einer meiner Freunde helfen?« Oskar lädt alle seine Freunde zu Möhrenkuchen und Möhrensaft ein.

Er erzählt ihnen von seinem Plan.

»Ich bin viel langsamer als du«, erklärt Schildkröte Susi. »Ich kann in einer Nacht höchstens drei Eier verstecken!«

Oskar schüttelt den Kopf. »Das geht nicht«, sagt er. »Ich muss viel mehr Eier verteilen.«

»Und ich brauche alle zwei Stunden ein Schlammbad«, sagt Willi Wildschwein. »Sonst kann ich nicht arbeiten!«

Oskar schaut Willi entsetzt an. »Aber wenn du voller Schlamm bist, werden ja auch die bunten Eier dreckig«, sagt er. »Das geht auch nicht!«

Eichhörnchen Emil weiß nur Verstecke in den Bäumen, Maulwurf Maja unter der Erde und Bernd Biber im See.

»Da finden die Kinder die Eier nie«, murmelt Oskar. Er ist verzweifelt. Keiner kann ihn vertreten – dabei wollte er so gerne Urlaub machen.

»Mach doch einfach Ferien zu Hause«, schlägt Willi Wildschwein vor. »Das kann auch ganz gemütlich sein!«

»Gemütlich?!«, sagt Oskar. »Zu Ostern muss ich Eier verstecken, und sonst ist alles wie immer. Wie soll ich mich da erholen?«

»Dann nimm doch ab und zu ein Schlammbad mit mir«, schlägt Willi Wildschwein vor. »Das entspannt!«

»Und danach legst du dich zu mir in den See«, meint Bernd Biber. »Das erfrischt!«

»Und ich grabe dir eine gemütliche Schlafkuhle«, sagt Maulwurf Maja. »Da kannst du dich ausruhen!«

Eichhörnchen Emil hat noch viele Nüsse, Eicheln und Samen. »Daraus kann ich uns etwas Leckeres kochen«, meint es.

»Genau«, ruft Schildkröte Susi. »Und ich bringe noch etwas Salat aus dem Gemüsegarten mit!«

Osterhase Oskar strahlt. »Das klingt ja wunderbar«, sagt er. »Urlaub mit Freunden ist doch am allerschönsten!«

Der Fuchs als Osterhase

Am frühen Morgen machte der Fuchs einen Spaziergang, da fand er im Moos ein goldenes Ei.

Nanu, dachte der Fuchs. Das haben bestimmt die Osterhasen verloren. Ich bringe es ihnen schnell hinterher.

Er nahm das goldene Ei vorsichtig ins Maul und lief, so schnell er konnte, aus dem Wald heraus. Aber als er zu den Häusern und den Gärten kam, da sah er, dass die Osterhasen mit ihrer Arbeit schon fertig waren. Überall schimmerten bunte Eier im Gras. Und er hörte Stimmen. Die Kinder hatten schon angefangen, nach den Eiern zu suchen.

Vorsichtig schlich der Fuchs näher. Gerade wollte er das goldene Ei unter einen Busch legen, da stand plötzlich ein kleiner Junge vor ihm und schrie: »Ein Fuchs! Ein Fuchs! Er klaut mein Ei!«

Erschrocken ließ der Fuchs das Ei fallen und rannte davon. Seitdem hat er nie wieder versucht, Ostereier zu verstecken.

Ein Anzug für den Osterhasen

Der Osterhase Willy sitzt am Tag nach Ostern in seiner Küche und ist traurig. Vor ihm stehen Becher mit Ostereierfarbe, in denen noch die Pinsel stecken. Sein großer Rucksack lehnt an der Wand. Willy seufzt. »Was soll ich bloß anziehen?« Jedes Jahr findet nämlich am Tag nach Ostern das große Osterhasenfest statt. Dann ziehen sich alle Hasen etwas Lustiges an. Sie essen die restlichen Schokoladeneier und tanzen den ganzen Abend. Aber Willy hat nichts anzuziehen. Deswegen will er gar nicht mehr feiern.

    Willy schaut noch einmal in seinen Schrank. Da hängen drei Anzüge. Den ersten trägt er jeden Tag – er ist aus braunem Fell. Der zweite ist so grün wie Gras. Den trägt er, wenn er die Eier versteckt. So können ihn die Kinder im Gras nicht entdecken. Der dritte Anzug ist weiß wie Schnee. »Viel zu winterlich«, findet Willy. Alle anderen Hasen haben wochenlang an ihren neuen Anzügen genäht. Aber Willy hatte einfach keine Zeit. Zu viele neue Kinder sind in sein Ostereierversteck-Revier gezogen, und er musste noch mehr Eier anmalen als sonst. Da klingelt es an der Tür. Willys Freund Hugo steht davor, in einem schönen roten Anzug.

    »Hallo, Willy«, sagt er, »ich will dich zum Fest abholen.«

    »Ich komme nicht mit«, sagt Willy. »Ich habe nichts anzuziehen.« Aber Hugo will lieber selbst in Willys Kleiderschrank nachgucken.

    »Hm«, sagt er, »den braunen Anzug trägst du immer. Der grüne ist vom Ostereierverstecken ganz schmutzig. Und der weiße?«

Willy schüttelt den Kopf: »Darin sehe ich aus wie ein Schneehase.«

Beide stehen ratlos vor dem Schrank. Doch plötzlich hat Hugo eine Idee. »Du hast doch bestimmt noch Eierfarbe übrig?«, fragt er.

»Ja«, sagt Willy und zeigt auf den Küchentisch.

»Dann malen wir dir jetzt den schönsten Anzug von allen«, sagt Hugo. Er greift in den Schrank und holt den weißen Anzug heraus.

Willy lacht. »Das ist wirklich eine tolle Idee.« Zusammen malen sie den Anzug mit vielen roten Blumen, grünen Streifen und gelben Kreisen an. Er bekommt rosa Knöpfe und einen blauen Kragen. Auf dem Fest staunen alle über Willy. Und Hugo und er tanzen am wildesten von allen.

Wenn Herr Hase Hilfe braucht ...

Wenn Herr Hase Hilfe braucht, dann klopft er bei seinem Nachbarn an die Tür. Herr Igel ist ein sehr netter Nachbar.

»Hätten Sie vielleicht eine Prise Zucker für mich?«, fragt Herr Hase zum Beispiel.

Oder: »Könnten Sie mir vielleicht helfen, den Schrank in den Keller zu tragen?«

»Überhaupt kein Problem!«, sagt Herr Igel dann jedes Mal, und schon krempelt er die Ärmel hoch. Er ist wirklich ein sehr hilfsbereiter Nachbar.

Eines Tages fällt Herr Hase ein, dass er dringend Urlaub braucht. Wieder klopft er bei Herrn Igel.

»Ich verreise für vier Wochen. Könnten Sie so lange auf mein Haus aufpassen? Man müsste die Blumen gießen und den Goldfisch füttern.«

»Überhaupt kein Problem«, sagt Herr Igel. »Das mach ich doch gerne.«

Herr Hase packt seinen Koffer, gibt Herrn Igel den Hausschlüssel und fährt zum Flughafen.

Vier Wochen sind eine ganz schön lange Zeit, denkt Herr Igel. Er weiß noch nicht, dass es die schlimmsten vier Wochen seines Lebens werden ...

Denn in der ersten Woche stirbt zunächst Herrn Hases Goldfisch, weil Herr Igel den Pfeifentabak mit dem Fischfutter verwechselt hat.

Dann zertrampelt irgendeine dumme Kuh alle Blumen in Herrn Hases Vorgarten. Die Tulpen hat sie vorher aufgefressen.

Und am Wochenende stolpert Herr Igel über Herrn Hases Wohnzimmerteppich. Mit dem Ellbogen fegt er eine Topfpflanze vom Fensterbrett.

»Alles kein Problem!«, sagt Herr Igel. Er kauft einen neuen Goldfisch, pflanzt neue Blumen, und der Teppich lässt sich leicht reinigen.

In der zweiten Woche rutscht Herr Igel auf der Kellertreppe aus. Er verstaucht sich dabei den linken Knöchel.

»Pech gehabt, aber was soll man machen«, sagt Herr Igel.

Er trägt jetzt einen dicken Verband um den geschwollenen Fuß.

In der dritten Woche knallt irgendein Hirsch mit seinem Auto gegen Herrn Hases Hausmauer. In der Mauer entstehen breite Risse, und das Haus droht einzustürzen. Auch zwei Fenster gehen dabei zu Bruch, und das Fensterbrett muss erneuert werden.

Zum Trost findet Herr Igel eine Ansichtskarte im Briefkasten. Herr Hase sendet ihm die allersonnigsten Grüße.

In der vierten Woche schlägt ein Blitz in den Kastanienbaum neben Herrn Hases Haus. Ein schwerer Ast durchlöchert das Dach. Bei den Reparaturarbeiten holt sich Herr Igel auf dem Dach eine schlimme Erkältung.

Dann ist es endlich so weit. »Heute kommt Herr Hase zurück!«, stöhnt Herr Igel. »Es ist überstanden!«

Erschöpft lässt sich Herr Igel in einen Sessel fallen. Endlich steht Herr Hase in der Tür.

»Da bin ich wieder!«, begrüßt er ihn laut.

Er drückt ihm ein Fläschchen Karottenlikör in die Hand.

»Das ist für Sie. Tausend Dank noch mal fürs Blumengießen! Übrigens, Sie sehen schlecht aus, mein Lieber. Sie sollten mal Urlaub machen.«

»Und Sie gießen mir dann die Blumen …«, murmelt Herr Igel noch. Schon fallen ihm die Augen zu. Und dann schläft er zwei Tage lang, ohne nur ein einziges Mal aufzuwachen.

Kleine Hasen ganz groß – Geschichten aus der Osterhasenschule

In der Osterhasenschule 52

Der kleine Hase ist schon groß 54

Die Osterhasenkonferenz 56

Die Osterhasenprüfung 58

Überraschungsei für Häschen 60

Lili Naschhase 62

Kaninchen Cora und die Karotte 64

Die Osterhasenmalerei 66

Der Ostereier-Wettbewerb 68

Eierzielschießen 70

In der Osterhasenschule

Im Frühling kommen Hoppel, Poppel und Moppel in die Osterhasenschule. Denn wie alle Osterhasen müssen sie lernen, wie man Ostereier bemalt.

»Zuerst«, sagt der Hasenmalermeister, »bemalt ihr ein Ei in eurer Lieblingsfarbe.«

»Das ist einfach«, sagt Hoppel und malt ihr Ei rosa an.

»Meine Lieblingsfarbe ist Orange«, sagt Moppel und malt sein Ei orange an.

Nur Poppel weiß nicht, wie er sein Ei bemalen soll.

Vielleicht rot?, überlegt er und malt probeweise einen roten Streifen auf sein Ei.

Rot ist schön, aber Gelb ist noch schöner. Er malt einen gelben Streifen auf sein Ei.

Gelb ist schön, aber Blau ist auch schön. Er malt einen blauen Streifen auf sein Ei.

Eigentlich ist Grün meine Lieblingsfarbe!, denkt Poppel und malt einen grünen Streifen auf sein Ei.

»Hm«, sagt der Hasenmalermeister nachdenklich. »Du weißt wohl nicht, welche deine Lieblingsfarbe ist?«

»Doch!«, sagt Poppel und lacht. »Bunt!«

Der kleine Hase ist schon groß

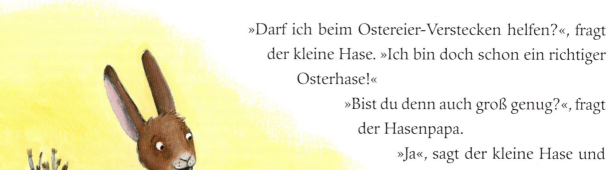

»Darf ich beim Ostereier-Verstecken helfen?«, fragt der kleine Hase. »Ich bin doch schon ein richtiger Osterhase!«

»Bist du denn auch groß genug?«, fragt der Hasenpapa.

»Ja«, sagt der kleine Hase und stellt sich auf die Hinterpfoten. »Ich bin schon soooo groß!«

»Bist du denn auch schnell genug?«, fragt die Hasenmama.

»Ja«, sagt der kleine Hase und flitzt über die Wiese. »Ich bin schon soooo schnell!«

»Bist du denn auch stark genug?«, fragt der Hasenopa.

»Ja«, sagt der kleine Hase und stemmt ein Osterei hoch in die Luft. »Ich bin schon soooo stark!«

»Du bist wirklich schon ein großer, schneller und starker Hase!«, sagt die Hasenoma. »Aber das Wichtigste beim Ostereier-Verstecken ist das Verstecken!«

»Verstecken«, sagt der kleine Hase und lacht, »kann ich am allerbesten! Soll ich mal zeigen?« Er hält sich mit seinen langen Ohren die Augen zu und ruft: »Eins-zwei-drei, wo bin ich?«

Die Osterhasenkonferenz

Es dämmert. Auf der Wiese hinter dem Bach herrscht Hochbetrieb: Opa Osterhase hat die ganze Osterhasenfamilie zusammengerufen. »So geht das nicht weiter«, sagt er ernst in die Runde. »Die Menschen haben sich schon wieder beschwert.« Er zeigt auf einen Stapel Briefe, der vor ihm auf der Wiese liegt.

»Worüber denn?«, fragen die Osterhasen. »Wir verteilen die Ostereier doch jedes Jahr ganz pünktlich.«

»Ja«, sagt Opa Osterhase. »Pünktlich seid ihr, darüber hat sich niemand beschwert …«

»Worüber denn dann?«, unterbrechen ihn die Osterhasen.

»Lasst mich doch mal ausreden.« Opa Osterhase ist ärgerlich. »Es geht um die Ostereier-Verstecke.«

»Wir verstecken die Ostereier doch«, rufen die Osterhasen. »Auf Regalen und in Schränken, im Backofen und in den Lampen, am Teich und im Geräteschuppen! Die Kinder können wohl nicht suchen.«

»Die großen schon«, meint Opa Osterhase. »Aber für die ganz Kleinen sind das keine guten Verstecke. Sie sind zu hoch oder zu gefährlich.«

Die Osterhasen sind ratlos: »Aber wo sollen wir die Ostereier denn dann verstecken? Wir können sie doch nicht einfach ins Gras legen.«

»Ne, aber ins Kinderzimmer!«, ruft da jemand.

»Was machst du denn hier?«, fragt Opa Osterhase und zieht Osterhäschen Ben hinter einem Baum hervor. »Du sollst doch längst schlafen!«

»Ich kann aber nicht schlafen«, sagt Ben. »Ihr seid viel zu laut – und außerdem wisst ihr nichts über kleine Kinder!«

Die Osterhasen sind empört. Aber Opa Osterhase will wissen, wo Ben die Ostereier verstecken würde.

»In der Legokiste und zwischen bunten Bauklötzen«, meint Ben. »Im Puppenhaus und unter den Plüschtieren. Hinterm Kasperletheater und zwischen den Bilderbüchern …« Die Osterhasen staunen. Auf solche Verstecke wären sie nie gekommen.

»Ihr seid ja auch schon groß«, sagt Ben. »So etwas wissen eben nur wir Kleinen!«

Opa Osterhase guckt Ben nachdenklich an. »Du hast recht«, sagt er dann. »Ab sofort versteckst du die Ostereier für die kleinen Kinder. Einverstanden?«

»Einverstanden«, sagt Osterhäschen Ben und ist furchtbar stolz.

Die Osterhasenprüfung

Fritzi ist ein kleiner Hase, und er möchte nichts lieber als Osterhase werden. »Osterhase sein ist bestimmt lustig«, sagt Fritzi zu seiner Mama. Aber Mama sagt: »Du musst eine Prüfung machen, um Osterhase zu werden.« Sie weiß das genau, denn ihr Onkel Heinrich war in seiner Jugend ein berühmter Osterhase. Der hat es ihr erzählt.

»Was soll ich denn üben?«, fragt Fritzi.

»Du musst schnell laufen können«, sagt Mama. »Du musst dich gut verstecken, damit dich niemand sieht. Und du musst natürlich Ostereier anmalen und verstecken können.«

Fritzi rennt mit seinen Brüdern um die Wette und lässt sich von seinen Schwestern suchen. Er malt mit Mama die allerschönsten Ostereier an und lässt sich von Papa die besten Ostereierverstecke zeigen. Schließlich ist der Tag der Osterhasenprüfung da. Fritzi ist sehr aufgeregt. Und Fritzis Familie kommt mit, um ihn anzufeuern. Als Erstes beginnt das Wettrennen: »Auf die Plätze, fertig, los!« Fritzi schlägt so viele Haken, wie er kann. Er wird Zweiter!

Beim Verstecken findet ihn niemand unter seiner Baumwurzel. Auch das Eieranmalen geht prima. Und seine Ostereier versteckt Fritzi so gut, dass er sie selbst nicht wiederfindet.

Doch plötzlich ruft der Oberhase: »Alle Hasen, aufgepasst! Die Gartenzaunprüfung beginnt.«

Fritzi bekommt einen Schreck. Er hat noch nie von einer Gartenzaunprüfung gehört. Alle Hasen stellen sich vor einem großen Zaun auf. Der Oberhase sagt: »Jeder muss sich ein Loch suchen, um durch den Zaun zu kommen.« Fritzi hoppelt am Zaun entlang. Nirgends ist ein Loch.

Doch plötzlich entdecken seine scharfen Augen einen kleinen Spalt im Holz. Schnell zwängt er sich hindurch. »Hurra!« Fritzi jubelt. Er hat es geschafft. Mama und Papa klatschen Beifall. Seine Geschwister winken. Abends bekommt er vom Oberhasen eine Urkunde überreicht. Auf der steht: »Wir gratulieren dem Osterhasen Fritzi zur bestandenen Prüfung.« Und schon beim nächsten Osterfest versteckt Fritzi die meisten Eier von allen.

Überraschungsei für Häschen

Die Hennen haben Häschen ein wunderschönes weißes Ei geschenkt, für Häschen ganz allein.

»Na, du süßes kleines Ei!«, sagt Häschen. »Möchtest du vielleicht spazieren fahren?« Vorsichtig bettet Häschen sein Ei auf ein weiches Kissen und fährt es mit dem Wägelchen durch den Garten. Dann zeigt es ihm das Haus und die Osterhasenwerkstatt. 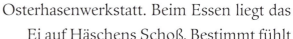 Beim Essen liegt das Ei auf Häschens Schoß. Bestimmt fühlt es sich ein bisschen einsam ohne die anderen Eier. Deshalb darf es nachts sogar bei Häschen im Bett schlafen.

Aber am nächsten Morgen hat das Ei einen Sprung. Häschen weint.

»Du hast dein Ei schön warm gehalten«, erklärt Mama Hase.

»Du hast es ausgebrütet.« Da bricht die Eierschale auseinander, und ein winziges gelbes Küken sitzt auf Häschens Pfote.

»Piep!«, macht das Küken.

»Na, du süßes kleines Küken!«, sagt Häschen und strahlt. »Möchtest du vielleicht spazieren fahren?«

Lili Naschhase

Die Osterhäsin Lili ist in Eile. Morgen ist Ostern, und ihr Rucksack ist voller leckerer Schokoladeneier. Die muss sie alle verstecken. Sie guckt auf ihre Liste: Zu zehn Kindern muss sie noch. »Dabei bin ich jetzt schon so müde«, seufzt Lili. »Vielleicht sollte ich ein Schokoladenei essen? Das gibt Kraft!« Lili liebt Schokoladeneier über alles.

Schnell holt sie ein kleines Nugatei aus ihrem Rucksack und steckt es in den Mund. »Hm, ist das lecker!«, murmelt Lili und guckt in ihren Rucksack. Da liegen noch ganz viele Schokoladeneier drin – sehr viele sogar! »Eigentlich habe ich noch eins verdient!«, sagt Lili. Vielleicht ein weißes Schokoladenei? Lili leckt sich die Lippen. Dann hoppelt sie wieder los zum nächsten Kind und versteckt dort Eier. Nach jedem Kind belohnt sich Lili mit einem Ei. Im Rucksack sind viele Köstlichkeiten: Marzipaneier, Nugateier und Eier mit Erdbeergeschmack. So macht das Ostereierverstecken richtig Spaß. Jetzt muss sie nur noch zu Mia. Lili greift in ihren Rucksack. Aber der ist leer. Lili bekommt einen Schreck. Wie wild kramt sie im Rucksack herum. Da muss doch noch ein Ei sein! Aber Lili findet kein einziges. Was soll sie nur tun? Was soll sie Mia dann ins Osternest legen? Mia wird schrecklich traurig sein, wenn sie am Ostermorgen gar nichts findet.

Lili setzt sich an den Straßenrand und denkt nach. Da fällt ihr Blick auf den leeren Rucksack. Er ist ganz neu und besonders schön. Lilis Mama hat ihn Lili zum Geburtstag geschenkt. Er ist aus rotem Samt und hat ein lustiges Hasengesicht mit langen Hasenohren. Ob sich Mia darüber freuen würde? Am nächsten Morgen versteckt sich Lili bei Mia im Garten hinter einem Busch. Sie sieht zu, wie Mia nach Ostereiern sucht. Mia guckt zwischen den Blumen und hinter jedem Stein. Doch sie findet kein einziges Ei. Mia guckt traurig. Doch plötzlich ruft sie: »Mama, schau mal!« In der Hand hält sie einen wunderschönen Rucksack, mit langen Hasenohren! »Der ist ja toll«, sagt Mia und lacht über das ganze Gesicht. Und Lili hoppelt fröhlich nach Hause.

Kaninchen Cora und die Karotte

Kaninchen Cora hoppelt über die Wiese. Da entdeckt sie beim Zaun eine köstliche Karotte. Cora hoppelt schneller. Plötzlich stößt sie mit Cleo zusammen.

»Das ist meine Karotte!«, ruft Cleo.

Cora schüttelt den Kopf. »Ich hab sie zuerst gesehen.«

»Nein, ich!«, sagt Cleo.

»Nein, ich!«, sagt Cora.

Cleo streckt die Pfote nach der Karotte aus. Das geht zu weit! Cora wirft Cleo um und rauft mit ihr. Auf einmal hören sie auf. Auf dem Zaun sitzt nämlich Hase Hugo und hat die köstliche Karotte zwischen seinen Pfoten.

»He, das ist unsere Karotte!«, ruft Cora.

»Ja, genau«, sagt Cleo. »Gib sie sofort her!«

Da erschrickt Hugo. Er lässt die Karotte fallen und rennt schnell davon.

Cleo guckt Cora an. »Teilen wir jetzt endlich unsere Karotte?«

»Klar!«, sagt Cora und bricht die Karotte in zwei gleich große Hälften.

Die Osterhasenmalerei

Die großen Osterhasen machen Mittagspause. Da schleichen sich die Hasenkinder in die Malerwerkstatt. So viele bunte Eier sind schon bemalt. Die kleinen Hasen staunen. Eier mit Punkten, Eier mit Streifen, Eier mit Sternen und Eier mit Herzchen.

»Ich male jetzt auch mal was!«, sagt Trixie.

»Wir dürfen aber keine Eier anmalen«, sagt Dixie.

»Eier nicht«, antwortet Trixie. »Aber Hasen schon.« Sie nimmt den Pinsel aus dem roten Farbtopf und malt ein schönes rotes Herz auf ihren Bauch. »Ich auch!«, ruft Maxi.

»Du kriegst einen Stern«, sagt Dixie und malt Maxi einen Stern auf den Rücken. »Malst du mir jetzt gelbe Punkte?«

Gerade hat Rosie ein grünes Schwänzchen gekriegt, da kommt Mama Hase in die Werkstatt. »Was ist denn hier los?«

»Osterhasenmalerei!«, ruft Dixie fröhlich.

»Sehr hübsch habt ihr das gemacht«, sagt Mama Hase und bewundert ihre bunten Kinder. »Und jetzt nehmt ihr alle vier ein Osterhasenbad!«

Der Ostereier-Wettbewerb

Die jungen Osterhasen sind furchtbar aufgeregt. Heute ist der große Ostereier-Wettbewerb. Wer die Eier am schönsten bemalt, darf dieses Jahr zum ersten Mal mit zum Ostereierverstecken. Paula hat zehn verschiedene Farbtöpfe und viele Pinsel mitgebracht. Je bunter die Eier werden, umso schöner. Fabian hat eine riesige Packung Filzstifte dabei. »Mit besonderer Leuchtkraft«, steht darauf. Juri will die Eier mit selbstklebendem Buntpapier verzieren. »Das gibt schöne Muster«, meint er. Und Moritz hält stolz seine bunten Aufkleber hoch: Sterne und Herzen, Blumen und Tiere.

»Jetzt fehlt nur noch Leo«, sagt Gaby, die Osterhasen-Lehrerin.

In diesem Moment kommt er auch schon angehoppelt. In seinem Korb hat er Klebstoff, braunes Packpapier und bunte Bindfäden.

»Du hast wohl mal wieder geschlafen«, sagt Moritz. »Wir sind hier doch nicht bei der Post!«

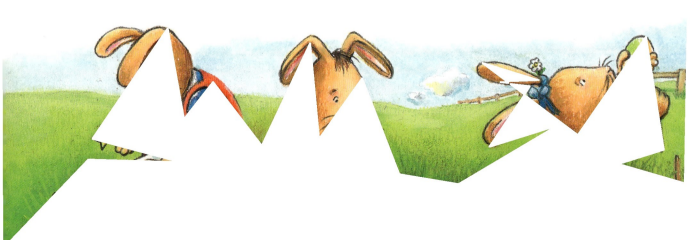

Die anderen Osterhasen kichern. Leo guckt sie wütend an. »Wartet nur ab«, ruft er.

»Hört auf zu streiten«, sagt Gaby da. »Fangt lieber an!«

Das lassen sich die jungen Osterhasen nicht zweimal sagen: Sie pinseln und malen, sie schnippeln und kleben. Paula kleckert wie wild mit ihren Farben herum. Und Juris Buntpapier flattert über die Wiese. Bald liegt ein buntes Ei nach dem anderen im Gras. Nur Hase Leo hoppelt noch herum: Er pflückt Gräser und Blüten. Als sein Korb voll ist, setzt er sich vor seine Eier: Mit Klebstoff klebt er bunte Blüten auf die Eier. Ein paar Eier packt er in braunes Packpapier und klebt dann Gräser darauf. Um andere wickelt er kreuz und quer bunte Bindfäden. Die anderen Osterhasen staunen: Leos Eier sehen toll aus. Gaby guckt sich alle Eier an. »Ein Ei ist schöner als das andere. Da kann ich mich gar nicht entscheiden«, sagt sie. »Ihr dürft dieses Jahr alle fünf mit zum Ostereierverstecken!« Paula, Fabian, Juri, Moritz und Leo jubeln. Zusammen macht das Eierverstecken bestimmt auch viel mehr Spaß!

Eierzielschießen

»Komm, wir spielen Fangen«, ruft Häschen Lotta.

»Das ist doch für Babys«, nölt Robin.

»Und verstecken?«, fragt Lotta.

»Auch langweilig«, sagt Robin.

Lotta ist wütend. Soll der Miesepeter doch sehen, wo er bleibt. Sie hoppelt alleine los. Vielleicht entdeckt sie ja einen Schatz? Und wirklich: Am Bach findet sie einen funkelnden Stein. Und was leuchtet da Buntes in der Felsenhöhle? Vorsichtig lugt Lotta hinein. Niemand ist zu sehen. Aber hinten in der Höhle liegen fein säuberlich sortiert gelbe, rote, blaue und grüne Eier.

»Das muss ich Robin zeigen«, murmelt Lotta. »Das ist ja ein Riesenschatz!«

Von diesem Eierschatz ist sogar Robin beeindruckt. »Wollen wir Eierzielschießen spielen?«, fragt er.

»Au ja!«, ruft Lotta. »Ich nehme die gelben und roten Eier, du die grünen und blauen! Worauf zielen wir?«

Erst versuchen sie, den kleinen Stein vor der Höhle zu treffen. Boing!

Lotta hat den Stein erwischt, das rote Ei zerspringt. Dann zielen sie auf den Baumstamm der alten Eiche und kugeln Eier in die alte Fuchshöhle.

»Versuch mal, mein Ei zu treffen«, sagt Lotta und rollt ein gelbes über die Wiese. Erst schießt Robin immer daneben, aber dann kracht es. »Getroffen!«, jubelt er.

»Was macht ihr denn da?«, fragt plötzlich eine Stimme. Robin und Lotta schauen erschrocken auf. Vor ihnen hockt ein großer Hase. Seine Schürze ist voller Farbkleckse, und hinter seinen langen Löffeln klemmen Pinsel. »Wie spielen Zielschießen«, sagt Robin.

»Aber doch nicht mit meinen Ostereiern!«, ruft der Hase wütend.

»Ostereier?« Lotta sieht ihn fragend an. »Was ist denn das?«

»Weißt du das nicht? Ich bin der Osterhase«, erklärt er. »Und jedes Jahr färbe ich hier in der Höhle Eier und verstecke sie dann für die Kinder.«

Robin und Lotta werden ganz blass. Sie haben alle Ostereier beim Zielschießen verbraucht. Und keines ist heil geblieben. Was nun?

Da hält ihnen der Osterhase zwei Pinsel vor die Nase. »Na dann zeigt mal, ob ihr auch schnell malen könnt«, sagt er.

Das lassen sich Robin und Lotta nicht zweimal sagen: Und bald liegen in der Höhle wunderbar bunte Eier mit vielen Tupfen, Kreisen und Kringeln.

Die Autoren und Illustratoren

Erhard Dietl lebt als freier Schriftsteller und Illustrator in München. Er hat über 100 Kinderbücher veröffentlicht, mit großem nationalem und internationalem Erfolg. Seine Bücher wurden mehrfach ausgezeichnet, u.a. von der Stiftung Buchkunst, und mit dem Österreichischen sowie dem Saarländischen Kinder- und Jugendbuchpreis geehrt. Zu seinen erfolgreichsten Figuren gehören die anarchischen Olchis, die sogar Büchermuffel zum Lesen und Lachen bringen.

Rike Janßen wurde 1979 in Bremen geboren. Nach dem Fachabitur für Gestaltung studierte sie Design an der FH Münster und an der Hochschule für Künste in Bremen. Inzwischen arbeitet sie als freischaffende Illustratorin. Sie lebt mit ihrem Mann und ihrem Sohn in Oldenburg.

Susan Niessen, geboren 1967 im Rheinland, studierte Anglistik, Germanistik und Psychologie an der Universität Bonn und arbeitete fünfzehn Jahre lang als Lektorin in verschiedenen Kinderbuchverlagen. Heute lebt sie als freie Autorin und Lektorin im Rheinland.

Claudia Ondracek wollte nach ihrem Geschichtsstudium erst in einem Museum arbeiten, landete dann aber als Lektorin in einem Kinderbuchverlag. Da sie sich zwischen all den frechen Hexen, wilden Seeräubern und neugierigen Osterhasen so wohl fühlte, fing sie vor einigen Jahren an, selbst Geschichten zu schreiben. Claudia Ondracek lebt mit ihrem Mann und ihrem Sohn über den Dächern von Berlin.

Susanne Schulte, geboren 1966, absolvierte nach Ausbildung und Berufstätigkeit als Schauwerbegestalterin ein Grafik-Design-Studium mit Schwerpunkt Illustration. Nach ihrem Diplom ist sie heute für verschiedene Verlage als freiberufliche Illustratorin tätig. Sie lebt und arbeitet in Münster.

Susanne Wechdorn, geboren in Klosterneuburg bei Wien, hat nach einem Jurastudium an der Höheren Graphischen Bundes-, Lehr- und Versuchsanstalt in Wien studiert. Seit 1990 ist sie als freischaffende Illustratorin tätig. Susanne Wechdorn illustriert Schul- und Kinderbücher für viele deutsche und einige österreichische Verlage.

Quellenverzeichnis

Dietl, Erhard: *Wenn Herr Hase Hilfe braucht …*
   Illustrationen von Erhard Dietl
   © Text und Bild: Erhard Dietl, 2002

Niessen, Susan:
   Besuch für den Fisch
   Das Hasengeheimnis
   Der Fuchs als Osterhase
   Der kleine Hase ist schon groß
   Der Osterhase ist krank
   Der Osterhasenstiefel
   Die Osterhasenmalerei
   Ein himmlisches Osterei
   In der Osterhasenschule
   Überraschungsei für Häschen
   Wer findet das Ei?
      Aus: *Kleine Osterhasen-Geschichten zum Vorlesen*
      Illustrationen von Rike Janßen
      © ellermann im Dressler Verlag GmbH, Hamburg 2014

Ondracek, Claudia:
   Auf Osterhasenlauer
   Das Eier-Osterfrühstück
   Der Ostereier-Wettbewerb
   Die Osterhasenkonferenz

Die Osterhasenprüfung
Eierzielschießen
Ein Anzug für den Osterhasen
Ein besonders netter Osterhase
Ein Brief an den Osterhasen
Ein Kranz fürs Osterfrühstück
Ein Osterei für Mama und Papa
Ein Papphaus für den Osterhasen
Ferien für den Osterhasen
Lili Naschhase
Elfriede Huhn legt los!
   Aus: *Kleine Oster-Geschichten zum Vorlesen*
   Illustrationen von Susanne Schulte
   © ellermann im Dressler Verlag GmbH, Hamburg 2011

Wich, Henriette: *Kaninchen Cora und die Karotte*
   Aus: *Kleine Tier-Geschichten zum Vorlesen*
   Illustrationen von Susanne Wechdorn
   © ellermann im Dressler Verlag GmbH, Hamburg 2005

Hier dreht sich alles um das Osterfest

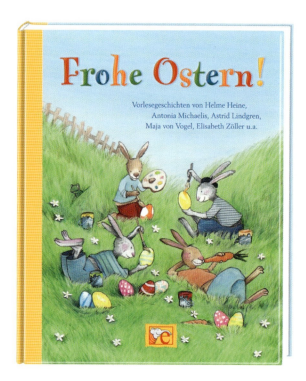

Frohe Ostern!
Einband und Bilder von Barbara Korthues
Ab 5 Jahren · 128 Seiten · ISBN 978-3-7707-2476-5

In dieser abwechslungsreichen Geschichtensammlung geht es um Osterhasen, Ostereier, Osterlämmchen – eben um alles, was mit Ostern zu tun hat. Hier ist für jeden Osterfan eine Lieblingsgeschichte dabei und die farbenfrohen Bilder lassen alles lebendig werden.

Weitere Informationen unter **www.ellermann.de**

Ostergeschichten für die ganze Familie

Der große Oster-Bilderbuchschatz
Einband von Marina Rachner
Ab 3 Jahren · 160 Seiten · ISBN 978-3-7707-3204-3

Ein Schatz für jedes Osternest: Der kleine König macht sich auf lustige Eiersuche, Kaninchen Pauli plant eine geheime Osterüberraschung und Huhn Helma sorgt mal wieder für Trubel auf dem Bauernhof. Bekannte Autoren erzählen sechs lustige und frühlingshafte Bilderbuchgeschichten, die das Osterfest versüßen.

Weitere Informationen unter **www.ellermann.de**